AF477184

Cet agenda appartient à

APERÇU ANNUEL

	JANVIER	FÉVRIER	MARS	AVRIL	MAI	JUIN
1	VEN	LUN	LUN	JEU	SAM	MAR
2	SAM	MAR	MAR	VEN	DIM	MER
3	DIM	MER	MER	SAM	LUN	JEU
4	LUN	JEU	JEU	DIM	MAR	VEN
5	MAR	VEN	VEN	LUN	MER	SAM
6	MER	SAM	SAM	MAR	JEU	DIM
7	JEU	DIM	DIM	MER	VEN	LUN
8	VEN	LUN	LUN	JEU	SAM	MAR
9	SAM	MAR	MAR	VEN	DIM	MER
10	DIM	MER	MER	SAM	LUN	JEU
11	LUN	JEU	JEU	DIM	MAR	VEN
12	MAR	VEN	VEN	LUN	MER	SAM
13	MER	SAM	SAM	MAR	JEU	DIM
14	JEU	DIM	DIM	MER	VEN	LUN
15	VEN	LUN	LUN	JEU	SAM	MAR
16	SAM	MAR	MAR	VEN	DIM	MER
17	DIM	MER	MER	SAM	LUN	JEU
18	LUN	JEU	JEU	DIM	MAR	VEN
19	MAR	VEN	VEN	LUN	MER	SAM
20	MER	SAM	SAM	MAR	JEU	DIM
21	JEU	DIM	DIM	MER	VEN	LUN
22	VEN	LUN	LUN	JEU	SAM	MAR
23	SAM	MAR	MAR	VEN	DIM	MER
24	DIM	MER	MER	SAM	LUN	JEU
25	LUN	JEU	JEU	DIM	MAR	VEN
26	MAR	VEN	VEN	LUN	MER	SAM
27	MER	SAM	SAM	MAR	JEU	DIM
28	JEU	DIM	DIM	MER	VEN	LUN
29	VEN		LUN	JEU	SAM	MAR
30	SAM		MAR	VEN	DIM	MER
31	DIM		MER		LUN	

2021

JUILLET	AOÛT	SEPTEMBRE	OCTOBRE	NOVEMBRE	DÉCEMBRE	
JEU	DIM	MER	VEN	LUN	MER	1
VEN	LUN	JEU	SAM	MAR	JEU	2
SAM	MAR	VEN	DIM	MER	VEN	3
DIM	MER	SAM	LUN	JEU	SAM	4
LUN	JEU	DIM	MAR	VEN	DIM	5
MAR	VEN	LUN	MER	SAM	LUN	6
MER	SAM	MAR	JEU	DIM	MAR	7
JEU	DIM	MER	VEN	LUN	MER	8
VEN	LUN	JEU	SAM	MAR	JEU	9
SAM	MAR	VEN	DIM	MER	VEN	10
DIM	MER	SAM	LUN	JEU	SAM	11
LUN	JEU	DIM	MAR	VEN	DIM	12
MAR	VEN	LUN	MER	SAM	LUN	13
MER	SAM	MAR	JEU	DIM	MAR	14
JEU	DIM	MER	VEN	LUN	MER	15
VEN	LUN	JEU	SAM	MAR	JEU	16
SAM	MAR	VEN	DIM	MER	VEN	17
DIM	MER	SAM	LUN	JEU	SAM	18
LUN	JEU	DIM	MAR	VEN	DIM	19
MAR	VEN	LUN	MER	SAM	LUN	20
MER	SAM	MAR	JEU	DIM	MAR	21
JEU	DIM	MER	VEN	LUN	MER	22
VEN	LUN	JEU	SAM	MAR	JEU	23
SAM	MAR	VEN	DIM	MER	VEN	24
DIM	MER	SAM	LUN	JEU	SAM	25
LUN	JEU	DIM	MAR	VEN	DIM	26
MAR	VEN	LUN	MER	SAM	LUN	27
MER	SAM	MAR	JEU	DIM	MAR	28
JEU	DIM	MER	VEN	LUN	MER	29
VEN	LUN	JEU	SAM	MAR	JEU	30
SAM	MAR		DIM		VEN	31

APERÇU ANNUEL

	JANVIER	FÉVRIER	MARS	AVRIL	MAI	JUIN
1	SAM	MAR	MAR	VEN	DIM	MER
2	DIM	MER	MER	SAM	LUN	JEU
3	LUN	JEU	JEU	DIM	MAR	VEN
4	MAR	VEN	VEN	LUN	MER	SAM
5	MER	SAM	SAM	MAR	JEU	DIM
6	JEU	DIM	DIM	MER	VEN	LUN
7	VEN	LUN	LUN	JEU	SAM	MAR
8	SAM	MAR	MAR	VEN	DIM	MER
9	DIM	MER	MER	SAM	LUN	JEU
10	LUN	JEU	JEU	DIM	MAR	VEN
11	MAR	VEN	VEN	LUN	MER	SAM
12	MER	SAM	SAM	MAR	JEU	DIM
13	JEU	DIM	DIM	MER	VEN	LUN
14	VEN	LUN	LUN	JEU	SAM	MAR
15	SAM	MAR	MAR	VEN	DIM	MER
16	DIM	MER	MER	SAM	LUN	JEU
17	LUN	JEU	JEU	DIM	MAR	VEN
18	MAR	VEN	VEN	LUN	MER	SAM
19	MER	SAM	SAM	MAR	JEU	DIM
20	JEU	DIM	DIM	MER	VEN	LUN
21	VEN	LUN	LUN	JEU	SAM	MAR
22	SAM	MAR	MAR	VEN	DIM	MER
23	DIM	MER	MER	SAM	LUN	JEU
24	LUN	JEU	JEU	DIM	MAR	VEN
25	MAR	VEN	VEN	LUN	MER	SAM
26	MER	SAM	SAM	MAR	JEU	DIM
27	JEU	DIM	DIM	MER	VEN	LUN
28	VEN	LUN	LUN	JEU	SAM	MAR
29	SAM		MAR	VEN	DIM	MER
30	DIM		MER	SAM	LUN	JEU
31	LUN		JEU		MAR	

2022

JUILLET	AOÛT	SEPTEMBRE	OCTOBRE	NOVEMBRE	DÉCEMBRE	
VEN	LUN	JEU	SAM	MAR	JEU	1
SAM	MAR	VEN	DIM	MER	VEN	2
DIM	MER	SAM	LUN	JEU	SAM	3
LUN	JEU	DIM	MAR	VEN	DIM	4
MAR	VEN	LUN	MER	SAM	LUN	5
MER	SAM	MAR	JEU	DIM	MAR	6
JEU	DIM	MER	VEN	LUN	MER	7
VEN	LUN	JEU	SAM	MAR	JEU	8
SAM	MAR	VEN	DIM	MER	VEN	9
DIM	MER	SAM	LUN	JEU	SAM	10
LUN	JEU	DIM	MAR	VEN	DIM	11
MAR	VEN	LUN	MER	SAM	LUN	12
MER	SAM	MAR	JEU	DIM	MAR	13
JEU	DIM	MER	VEN	LUN	MER	14
VEN	LUN	JEU	SAM	MAR	JEU	15
SAM	MAR	VEN	DIM	MER	VEN	16
DIM	MER	SAM	LUN	JEU	SAM	17
LUN	JEU	DIM	MAR	VEN	DIM	18
MAR	VEN	LUN	MER	SAM	LUN	19
MER	SAM	MAR	JEU	DIM	MAR	20
JEU	DIM	MER	VEN	LUN	MER	21
VEN	LUN	JEU	SAM	MAR	JEU	22
SAM	MAR	VEN	DIM	MER	VEN	23
DIM	MER	SAM	LUN	JEU	SAM	24
LUN	JEU	DIM	MAR	VEN	DIM	25
MAR	VEN	LUN	MER	SAM	LUN	26
MER	SAM	MAR	JEU	DIM	MAR	27
JEU	DIM	MER	VEN	LUN	MER	28
VEN	LUN	JEU	SAM	MAR	JEU	29
SAM	MAR	VEN	DIM	MER	VEN	30
DIM	MER		LUN		SAM	31

28 LUNDI

29 MARDI

30 MERCREDI

31 JEUDI

1 VENDREDI

2 SAMEDI

3 DIMANCHE

Notes

À faire

- ○
- ○
- ○
- ○
- ○
- ○
- ○
- ○
- ○
- ○
- ○
- ○
- ○

L	M	M	J	V	S	D
				1	2	3
4	5	6	7	8	9	10
11	12	13	14	15	16	17
18	19	20	21	22	23	24
25	26	27	28	29	30	31

4 LUNDI

5 MARDI

6 MERCREDI

7 JEUDI

JANVIER

SEM 1

8 VENDREDI

9 SAMEDI

10 DIMANCHE

Notes

À faire

○
○
○
○
○
○
○
○
○
○
○
○
○

L	M	M	J	V	S	D
				1	2	3
4	5	6	7	8	9	10
11	12	13	14	15	16	17
18	19	20	21	22	23	24
25	26	27	28	29	30	31

11 LUNDI

12 MARDI

13 MERCREDI

14 JEUDI

15 VENDREDI

16 SAMEDI

17 DIMANCHE

Notes

À faire

L	M	M	J	V	S	D
				1	2	3
4	5	6	7	8	9	10
11	12	13	14	15	16	17
18	19	20	21	22	23	24
25	26	27	28	29	30	31

18 LUNDI

19 MARDI

20 MERCREDI

21 JEUDI

22 VENDREDI

23 SAMEDI

24 DIMANCHE

Notes

À faire

○
○
○
○
○
○
○
○
○
○
○
○
○

L	M	M	J	V	S	D
				1	2	3
4	5	6	7	8	9	10
11	12	13	14	15	16	17
18	19	20	21	22	23	24
25	26	27	28	29	30	31

25 LUNDI

26 MARDI

27 MERCREDI

28 JEUDI

JANVIER

SEM 4

29 VENDREDI

30 SAMEDI

31 DIMANCHE

Notes

À faire

○
○
○
○
○
○
○
○
○
○
○
○
○

L	M	M	J	V	S	D
				1	2	3
4	5	6	7	8	9	10
11	12	13	14	15	16	17
18	19	20	21	22	23	24
25	26	27	28	29	30	31

1 LUNDI

2 MARDI

3 MERCREDI

4 JEUDI

5 VENDREDI

6 SAMEDI

7 DIMANCHE

Notes

À faire

○
○
○
○
○
○
○
○
○
○
○
○
○

L	M	M	J	V	S	D
1	2	3	4	5	6	7
8	9	10	11	12	13	14
15	16	17	18	19	20	21
22	23	24	25	26	27	28

8 LUNDI

9 MARDI

10 MERCREDI

11 JEUDI

12 VENDREDI

13 SAMEDI

14 DIMANCHE

Notes

À faire

○
○
○
○
○
○
○
○
○
○
○
○
○

L	M	M	J	V	S	D
1	2	3	4	5	6	7
8	9	10	11	12	13	14
15	16	17	18	19	20	21
22	23	24	25	26	27	28

15 LUNDI

16 MARDI

17 MERCREDI

18 JEUDI

FÉVRIER

SEM 7

19 VENDREDI

20 SAMEDI

21 DIMANCHE

Notes

À faire

L	M	M	J	V	S	D
1	2	3	4	5	6	7
8	9	10	11	12	13	14
15	16	17	18	19	20	21
22	23	24	25	26	27	28

22 LUNDI

23 MARDI

24 MERCREDI

25 JEUDI

26 VENDREDI

27 SAMEDI

28 DIMANCHE

Notes

À faire

○
○
○
○
○
○
○
○
○
○
○
○
○

L	M	M	J	V	S	D
1	2	3	4	5	6	7
8	9	10	11	12	13	14
15	16	17	18	19	20	21
22	23	24	25	26	27	28

1 LUNDI

2 MARDI

3 MERCREDI

4 JEUDI

MARS

SEM 9

5 VENDREDI

6 SAMEDI

7 DIMANCHE

Notes

À faire

L	M	M	J	V	S	D
1	2	3	4	5	6	7
8	9	10	11	12	13	14
15	16	17	18	19	20	21
22	23	24	25	26	27	28
29	30	31				

8 LUNDI

9 MARDI

10 MERCREDI

11 JEUDI

12 VENDREDI

13 SAMEDI

14 DIMANCHE

Notes

À faire

L	M	M	J	V	S	D
1	2	3	4	5	6	7
8	9	10	11	12	13	14
15	16	17	18	19	20	21
22	23	24	25	26	27	28
29	30	31				

15 LUNDI

16 MARDI

17 MERCREDI

18 JEUDI

19 VENDREDI

20 SAMEDI

21 DIMANCHE

Notes

À faire

L	M	M	J	V	S	D
1	2	3	4	5	6	7
8	9	10	11	12	13	14
15	16	17	18	19	20	21
22	23	24	25	26	27	28
29	30	31				

22 LUNDI

23 MARDI

24 MERCREDI

25 JEUDI

26 VENDREDI

27 SAMEDI

28 DIMANCHE

Notes

À faire

L	M	M	J	V	S	D
1	2	3	4	5	6	7
8	9	10	11	12	13	14
15	16	17	18	19	20	21
22	23	24	25	26	27	28
29	30	31				

29 LUNDI

30 MARDI

31 MERCREDI

1 JEUDI

AVRIL

SEM 13

2 VENDREDI

3 SAMEDI

4 DIMANCHE

Notes

À faire

○
○
○
○
○
○
○
○
○
○
○
○
○

L	M	M	J	V	S	D
			1	2	3	4
5	6	7	8	9	10	11
12	13	14	15	16	17	18
19	20	21	22	23	24	25
26	27	28	29	30		

5 LUNDI

6 MARDI

7 MERCREDI

8 JEUDI

AVRIL

SEM 14

9 VENDREDI

10 SAMEDI

11 DIMANCHE

Notes

À faire

L	M	M	J	V	S	D
			1	2	3	4
5	6	7	8	9	10	11
12	13	14	15	16	17	18
19	20	21	22	23	24	25
26	27	28	29	30		

12 LUNDI

13 MARDI

14 MERCREDI

15 JEUDI

16 VENDREDI

17 SAMEDI

18 DIMANCHE

Notes

À faire

○
○
○
○
○
○
○
○
○
○
○
○
○

L	M	M	J	V	S	D
			1	2	3	4
5	6	7	8	9	10	11
12	13	14	15	16	17	18
19	20	21	22	23	24	25
26	27	28	29	30		

19 LUNDI

20 MARDI

21 MERCREDI

22 JEUDI

23 VENDREDI

24 SAMEDI

25 DIMANCHE

Notes

À faire

○
○
○
○
○
○
○
○
○
○
○
○
○

L	M	M	J	V	S	D
			1	2	3	4
5	6	7	8	9	10	11
12	13	14	15	16	17	18
19	20	21	22	23	24	25
26	27	28	29	30		

26 LUNDI

27 MARDI

28 MERCREDI

29 JEUDI

AVRIL

SEM 17

30 VENDREDI

1 SAMEDI

2 DIMANCHE

Notes

À faire

L	M	M	J	V	S	D
			1	2	3	4
5	6	7	8	9	10	11
12	13	14	15	16	17	18
19	20	21	22	23	24	25
26	27	28	29	30		

3 LUNDI

4 MARDI

5 MERCREDI

6 JEUDI

7 VENDREDI

8 SAMEDI

9 DIMANCHE

Notes

À faire

L	M	M	J	V	S	D
					1	2
3	4	5	6	7	8	9
10	11	12	13	14	15	16
17	18	19	20	21	22	23
24	25	26	27	28	29	30
31						

10 LUNDI

11 MARDI

12 MERCREDI

13 JEUDI

14 VENDREDI

15 SAMEDI

16 DIMANCHE

Notes

À faire

L	M	M	J	V	S	D
					1	2
3	4	5	6	7	8	9
10	11	12	13	14	15	16
17	18	19	20	21	22	23
24	25	26	27	28	29	30
31						

17 LUNDI

18 MARDI

19 MERCREDI

20 JEUDI

21 VENDREDI

22 SAMEDI

23 DIMANCHE

Notes

À faire

L	M	M	J	V	S	D
					1	2
3	4	5	6	7	8	9
10	11	12	13	14	15	16
17	18	19	20	21	22	23
24	25	26	27	28	29	30
31						

24 LUNDI

25 MARDI

26 MERCREDI

27 JEUDI

28 VENDREDI

29 SAMEDI

30 DIMANCHE

Notes

À faire

○
○
○
○
○
○
○
○
○
○
○
○
○

L	M	M	J	V	S	D
					1	2
3	4	5	6	7	8	9
10	11	12	13	14	15	16
17	18	19	20	21	22	23
24	25	26	27	28	29	30
31						

31 LUNDI

1 MARDI

2 MERCREDI

3 JEUDI

JUIN

SEM 22

4 VENDREDI

5 SAMEDI

6 DIMANCHE

Notes

À faire

○
○
○
○
○
○
○
○
○
○
○
○
○

L	M	M	J	V	S	D
	1	2	3	4	5	6
7	8	9	10	11	12	13
14	15	16	17	18	19	20
21	22	23	24	25	26	27
28	29	30				

7 LUNDI

8 MARDI

9 MERCREDI

10 JEUDI

11 VENDREDI

12 SAMEDI

13 DIMANCHE

Notes

À faire

○
○
○
○
○
○
○
○
○
○
○
○
○

L	M	M	J	V	S	D
	1	2	3	4	5	6
7	8	9	10	11	12	13
14	15	16	17	18	19	20
21	22	23	24	25	26	27
28	29	30				

14 LUNDI

15 MARDI

16 MERCREDI

17 JEUDI

18 VENDREDI

19 SAMEDI

20 DIMANCHE

Notes

À faire

L	M	M	J	V	S	D
	1	2	3	4	5	6
7	8	9	10	11	12	13
14	15	16	17	18	19	20
21	22	23	24	25	26	27
28	29	30				

21 LUNDI

22 MARDI

23 MERCREDI

24 JEUDI

JUIN

SEM 25

25 VENDREDI

26 SAMEDI

27 DIMANCHE

Notes

À faire

○
○
○
○
○
○
○
○
○
○
○
○
○

L	M	M	J	V	S	D
	1	2	3	4	5	6
7	8	9	10	11	12	13
14	15	16	17	18	19	20
21	22	23	24	25	26	27
28	29	30				

28 LUNDI

29 MARDI

30 MERCREDI

1 JEUDI

2 VENDREDI

3 SAMEDI

4 DIMANCHE

Notes

À faire

○
○
○
○
○
○
○
○
○
○
○
○
○

L	M	M	J	V	S	D
			1	2	3	4
5	6	7	8	9	10	11
12	13	14	15	16	17	18
19	20	21	22	23	24	25
26	27	28	29	30	31	

5 LUNDI

6 MARDI

7 MERCREDI

8 JEUDI

9 VENDREDI

10 SAMEDI

11 DIMANCHE

Notes

À faire

- ○
- ○
- ○
- ○
- ○
- ○
- ○
- ○
- ○
- ○
- ○
- ○
- ○

L	M	M	J	V	S	D
			1	2	3	4
5	6	7	8	9	10	11
12	13	14	15	16	17	18
19	20	21	22	23	24	25
26	27	28	29	30	31	

12 LUNDI

13 MARDI

14 MERCREDI

15 JEUDI

16 VENDREDI

17 SAMEDI

18 DIMANCHE

Notes

À faire

○
○
○
○
○
○
○
○
○
○
○
○
○

L	M	M	J	V	S	D
			1	2	3	4
5	6	7	8	9	10	11
12	13	14	15	16	17	18
19	20	21	22	23	24	25
26	27	28	29	30	31	

19 LUNDI

20 MARDI

21 MERCREDI

22 JEUDI

23 VENDREDI

24 SAMEDI

25 DIMANCHE

Notes

À faire

○
○
○
○
○
○
○
○
○
○
○
○
○

L	M	M	J	V	S	D
			1	2	3	4
5	6	7	8	9	10	11
12	13	14	15	16	17	18
19	20	21	22	23	24	25
26	27	28	29	30	31	

26 LUNDI

27 MARDI

28 MERCREDI

29 JEUDI

30 VENDREDI

31 SAMEDI

1 DIMANCHE

Notes

À faire

L	M	M	J	V	S	D
			1	2	3	4
5	6	7	8	9	10	11
12	13	14	15	16	17	18
19	20	21	22	23	24	25
26	27	28	29	30	31	

2 LUNDI

3 MARDI

4 MERCREDI

5 JEUDI

6 VENDREDI

7 SAMEDI

8 DIMANCHE

Notes

À faire

○
○
○
○
○
○
○
○
○
○
○
○
○

L	M	M	J	V	S	D
						1
2	3	4	5	6	7	8
9	10	11	12	13	14	15
16	17	18	19	20	21	22
23	24	25	26	27	28	29
30	31					

9 LUNDI

10 MARDI

11 MERCREDI

12 JEUDI

AOÛT

SEM 32

13 VENDREDI

14 SAMEDI

15 DIMANCHE

Notes

À faire

○
○
○
○
○
○
○
○
○
○
○
○
○

L	M	M	J	V	S	D
						1
2	3	4	5	6	7	8
9	10	11	12	13	14	15
16	17	18	19	20	21	22
23	24	25	26	27	28	29
30	31					

16 LUNDI

17 MARDI

18 MERCREDI

19 JEUDI

20 VENDREDI

21 SAMEDI

22 DIMANCHE

Notes

À faire

○
○
○
○
○
○
○
○
○
○
○
○
○

L	M	M	J	V	S	D
						1
2	3	4	5	6	7	8
9	10	11	12	13	14	15
16	17	18	19	20	21	22
23	24	25	26	27	28	29
30	31					

23 LUNDI

24 MARDI

25 MERCREDI

26 JEUDI

27 VENDREDI

28 SAMEDI

29 DIMANCHE

Notes

À faire

○
○
○
○
○
○
○
○
○
○
○
○
○

L	M	M	J	V	S	D
						1
2	3	4	5	6	7	8
9	10	11	12	13	14	15
16	17	18	19	20	21	22
23	24	25	26	27	28	29
30	31					

30 LUNDI

31 MARDI

1 MERCREDI

2 JEUDI

3 VENDREDI

4 SAMEDI

5 DIMANCHE

Notes

À faire

L	M	M	J	V	S	D
		1	2	3	4	5
6	7	8	9	10	11	12
13	14	15	16	17	18	19
20	21	22	23	24	25	26
27	28	29	30			

6 LUNDI

7 MARDI

8 MERCREDI

9 JEUDI

10 VENDREDI

11 SAMEDI

12 DIMANCHE

Notes

À faire

○

○

○

○

○

○

○

○

○

○

○

○

○

L	M	M	J	V	S	D
		1	2	3	4	5
6	7	8	9	10	11	12
13	14	15	16	17	18	19
20	21	22	23	24	25	26
27	28	29	30			

13 LUNDI

14 MARDI

15 MERCREDI

16 JEUDI

17 VENDREDI

18 SAMEDI

19 DIMANCHE

Notes

À faire

○
○
○
○
○
○
○
○
○
○
○
○
○

L	M	M	J	V	S	D
		1	2	3	4	5
6	7	8	9	10	11	12
13	14	15	16	17	18	19
20	21	22	23	24	25	26
27	28	29	30			

20 LUNDI

21 MARDI

22 MERCREDI

23 JEUDI

SEPTEMBRE

SEM 38

24 VENDREDI

25 SAMEDI

26 DIMANCHE

Notes

À faire

○
○
○
○
○
○
○
○
○
○
○
○
○

L	M	M	J	V	S	D
		1	2	3	4	5
6	7	8	9	10	11	12
13	14	15	16	17	18	19
20	21	22	23	24	25	26
27	28	29	30			

27 LUNDI

28 MARDI

29 MERCREDI

30 JEUDI

OCTOBRE

SEM 39

1 VENDREDI

2 SAMEDI

3 DIMANCHE

Notes

À faire

○
○
○
○
○
○
○
○
○
○
○
○
○

L	M	M	J	V	S	D
				1	2	3
4	5	6	7	8	9	10
11	12	13	14	15	16	17
18	19	20	21	22	23	24
25	26	27	28	29	30	31

4 LUNDI

5 MARDI

6 MERCREDI

7 JEUDI

8 VENDREDI

9 SAMEDI

10 DIMANCHE

Notes

À faire

L	M	M	J	V	S	D
				1	2	3
4	5	6	7	8	9	10
11	12	13	14	15	16	17
18	19	20	21	22	23	24
25	26	27	28	29	30	31

11 LUNDI

12 MARDI

13 MERCREDI

14 JEUDI

OCTOBRE

SEM 41

15 VENDREDI

16 SAMEDI

17 DIMANCHE

Notes

À faire

○
○
○
○
○
○
○
○
○
○
○
○
○

L	M	M	J	V	S	D
				1	2	3
4	5	6	7	8	9	10
11	12	13	14	15	16	17
18	19	20	21	22	23	24
25	26	27	28	29	30	31

18 LUNDI

19 MARDI

20 MERCREDI

21 JEUDI

OCTOBRE

SEM 42

22 VENDREDI

23 SAMEDI

24 DIMANCHE

Notes

À faire

○

○

○

○

○

○

○

○

○

○

○

○

○

L	M	M	J	V	S	D
				1	2	3
4	5	6	7	8	9	10
11	12	13	14	15	16	17
18	19	20	21	22	23	24
25	26	27	28	29	30	31

25 LUNDI

26 MARDI

27 MERCREDI

28 JEUDI

OCTOBRE

SEM 43

29 VENDREDI

30 SAMEDI

31 DIMANCHE

Notes

À faire

○
○
○
○
○
○
○
○
○
○
○
○
○

L	M	M	J	V	S	D
				1	2	3
4	5	6	7	8	9	10
11	12	13	14	15	16	17
18	19	20	21	22	23	24
25	26	27	28	29	30	31

1 LUNDI

2 MARDI

3 MERCREDI

4 JEUDI

NOVEMBRE

SEM 44

5 VENDREDI

6 SAMEDI

7 DIMANCHE

Notes

À faire

L	M	M	J	V	S	D
1	2	3	4	5	6	7
8	9	10	11	12	13	14
15	16	17	18	19	20	21
22	23	24	25	26	27	28
29	30					

8 LUNDI

9 MARDI

10 MERCREDI

11 JEUDI

NOVEMBRE

SEM 45

12 VENDREDI

13 SAMEDI

14 DIMANCHE

Notes

À faire

○
○
○
○
○
○
○
○
○
○
○
○
○

L	M	M	J	V	S	D
1	2	3	4	5	6	7
8	9	10	11	12	13	14
15	16	17	18	19	20	21
22	23	24	25	26	27	28
29	30					

15 LUNDI

16 MARDI

17 MERCREDI

18 JEUDI

NOVEMBRE

SEM 46

19 VENDREDI

20 SAMEDI

21 DIMANCHE

Notes

À faire

○
○
○
○
○
○
○
○
○
○
○
○
○

L	M	M	J	V	S	D
1	2	3	4	5	6	7
8	9	10	11	12	13	14
15	16	17	18	19	20	21
22	23	24	25	26	27	28
29	30					

22 LUNDI

23 MARDI

24 MERCREDI

25 JEUDI

NOVEMBRE

SEM 47

26 VENDREDI

27 SAMEDI

28 DIMANCHE

Notes

À faire

○
○
○
○
○
○
○
○
○
○
○
○
○

L	M	M	J	V	S	D
		1	2	3	4	5
6	7	8	9	10	11	12
13	14	15	16	17	18	19
20	21	22	23	24	25	26
27	28	29	30	31		

29 LUNDI

30 MARDI

1 MERCREDI

2 JEUDI

3 VENDREDI

4 SAMEDI

5 DIMANCHE

Notes

À faire

L	M	M	J	V	S	D
		1	2	3	4	5
6	7	8	9	10	11	12
13	14	15	16	17	18	19
20	21	22	23	24	25	26
27	28	29	30	31		

6 LUNDI

7 MARDI

8 MERCREDI

9 JEUDI

10 VENDREDI

11 SAMEDI

12 DIMANCHE

Notes

À faire

L	M	M	J	V	S	D
		1	2	3	4	5
6	7	8	9	10	11	12
13	14	15	16	17	18	19
20	21	22	23	24	25	26
27	28	29	30	31		

13 LUNDI

14 MARDI

15 MERCREDI

16 JEUDI

17 VENDREDI

18 SAMEDI

19 DIMANCHE

Notes

À faire

○
○
○
○
○
○
○
○
○
○
○
○
○

L	M	M	J	V	S	D
		1	2	3	4	5
6	7	8	9	10	11	12
13	14	15	16	17	18	19
20	21	22	23	24	25	26
27	28	29	30	31		

20 LUNDI

21 MARDI

22 MERCREDI

23 JEUDI

DÉCEMBRE

SEM 51

24 VENDREDI

25 SAMEDI

26 DIMANCHE

Notes

À faire

L	M	M	J	V	S	D
		1	2	3	4	5
6	7	8	9	10	11	12
13	14	15	16	17	18	19
20	21	22	23	24	25	26
27	28	29	30	31		

27 LUNDI

28 MARDI

29 MERCREDI

30 JEUDI

DÉCEMBRE

SEM 52

31 VENDREDI

1 SAMEDI

2 DIMANCHE

Notes

À faire

○
○
○
○
○
○
○
○
○
○
○
○
○

L	M	M	J	V	S	D
		1	2	3	4	5
6	7	8	9	10	11	12
13	14	15	16	17	18	19
20	21	22	23	24	25	26
27	28	29	30	31		

LUNDI	MARDI	MERCREDI	JEUDI
28	29	30	31
4	5	6	7
11	12	13	14
18	19	20	21
25	26	27	28

JANVIER

VENDREDI	SAMEDI	DIMANCHE
1	2	3
8	9	10
15	16	17
22	23	24
29	30	31

LUNDI	MARDI	MERCREDI	JEUDI
1	2	3	4
8	9	10	11
15	16	17	18
22	23	24	25
1	2	3	4

FÉVRIER

VENDREDI	SAMEDI	DIMANCHE
5	6	7
12	13	14
19	20	21
26	27	28
5	6	7

LUNDI	MARDI	MERCREDI	JEUDI
1	2	3	4
8	9	10	11
15	16	17	18
22	23	24	25
29	30	31	

MARS

VENDREDI	SAMEDI	DIMANCHE
5	6	7
12	13	14
19	20	21
26	27	28
2	3	4

LUNDI	MARDI	MERCREDI	JEUDI
29	30	31	1
5	6	7	8
12	13	14	15
19	20	21	22
26	27	28	29

AVRIL

VENDREDI	SAMEDI	DIMANCHE
2	3	4
9	10	11
16	17	18
23	24	25
30	1	2

LUNDI	MARDI	MERCREDI	JEUDI
26	27	28	29
3	4	5	6
10	11	12	13
17	18	19	20
24 / 31	25	26	27

MAI

VENDREDI	SAMEDI	DIMANCHE
30	1	2
7	8	9
14	15	16
21	22	23
28	29	30

LUNDI	MARDI	MERCREDI	JEUDI
31	1	2	3
7	8	9	10
14	15	16	17
21	22	23	24
28	29	30	1

JUIN

VENDREDI	SAMEDI	DIMANCHE
4	5	6
11	12	13
18	19	20
25	26	27
2	3	4

LUNDI	MARDI	MERCREDI	JEUDI
28	29	30	1
5	6	7	8
12	13	14	15
19	20	21	22
26	27	28	29

JUILLET

VENDREDI	SAMEDI	DIMANCHE
2	3	4
9	10	11
16	17	18
23	24	25
30	31	

LUNDI	MARDI	MERCREDI	JEUDI
26	27	28	29
2	3	4	5
9	10	11	12
16	17	18	19
23 / 30	24 / 31	25	26

AOÛT

VENDREDI	SAMEDI	DIMANCHE
30	31	1
6	7	8
13	14	15
20	21	22
27	28	29

LUNDI	MARDI	MERCREDI	JEUDI
30	31	1	2
6	7	8	9
13	14	15	16
20	21	22	23
27	28	29	30

SEPTEMBRE

VENDREDI	SAMEDI	DIMANCHE
3	4	5
10	11	12
17	18	19
24	25	26
1	2	3

LUNDI	MARDI	MERCREDI	JEUDI
27	28	29	30
4	5	6	7
11	12	13	14
18	19	20	21
25	26	27	28

OCTOBRE

VENDREDI	SAMEDI	DIMANCHE
1	2	3
8	9	10
15	16	17
22	23	24
29	30	31

LUNDI	MARDI	MERCREDI	JEUDI
1	2	3	4
8	9	10	11
15	16	17	18
22	23	24	25
29	30	1	2

NOVEMBRE

VENDREDI	SAMEDI	DIMANCHE
5	6	7
12	13	14
19	20	21
26	27	28
3	4	5

LUNDI	MARDI	MERCREDI	JEUDI
29	30	1	2
6	7	8	9
13	14	15	16
20	21	22	23
27	28	29	30

DÉCEMBRE

VENDREDI	SAMEDI	DIMANCHE
3	4	5
10	11	12
17	18	19
24	25	26
31	1	2

⏲	LUN	MAR	MER	JEU	VEN	SAM	DIM

CALENDRIER HEBDOMADAIRE

	LUN	MAR	MER	JEU	VEN	SAM	DIM

NOTES

NOTES

NOTES

NOTES

NOTES

NOTES

NOTES

NOTES

NOTES

@

@

@

@

@

@

@

@

@

@

@

@

@

@

@

@

CONTACTS

@

@

@

@

@

@

@

@

@

@

@

@

@

@

@

@

CONTACTS

@

@

@

@

@

@

@

@

@

@

@

@

@

@

@

@

CONTACTS

www.ingramcontent.com/pod-product-compliance
Lightning Source LLC
LaVergne TN
LVHW081717210726
843527LV00006B/327
* 9 7 8 3 9 4 7 8 0 8 8 7 8 *